Kathleen Lützner

Glitzer-Sterne

Creativ Compact

CHRISTOPHORUS

Inhalt

Glänzende Sterne

Die Wohnung wird für Weihnachten hergerichtet und winterliche Fensterbilder schmücken die kalten Scheiben. Und immer dabei ist das beliebteste Weihnachtsmotiv, der Stern. Jedes Jahr kehrt er in neuen Formen zurück. Ob am Weihnachtsbaum, am Fenster, an der Tür oder als Geschenkaufleger – ein selbst gebastelter Stern ist etwas Besonderes.

Die Sterne in diesem Buch bestehen aus Alu-Bastelfolien und Alukarton. Die meisten sind einfach zu basteln und können zusammen mit Kindern angefertigt werden, aber auch fortgeschrittenere Sternfans werden neue Motive finden.

Viel Spaß bei einer gemütlichen Bastelstunde und
eine schöne Weihnachtszeit wünscht Ihnen

Hinweise & Tipps

Das Material

In den letzten Jahren hat sich das Angebot an Bastelfolien aus Aluminium vervielfacht. Neben den bewährten Glanzfolien in Gold, Silber, Rot und Grün sind Folien in neuen aktuellen Farben erhältlich, wie zum Beispiel in Pink, Violett oder Blau. Jetzt werden auch Alu-Bastelfolien mit Sternchen- oder Wellenprägung angeboten. Dieses Material ist für das Basteln mit Kindern besonders geeignet, da es sich bei versehentlichem Knicken ohne größere sichtbare Schäden in seine ursprüngliche Form zurückbiegen lässt.
Das Angebot an Bastelkartons ist durch Alu-Bastelkarton mit Sternchenprägung und Alu-3D-Wellkarton erweitert worden. Beide sind stabil und haben trotzdem den gewünschten Glanzeffekt.

Die Werkzeuge

Erwachsene benutzen eine gute Papierschere und einen Cutter mit Unterlage, Kinder schneiden mit einer abgerundeten Bastelschere. Alufolien sind meist sehr dünn und reißen leicht, deshalb ist es wichtig, die Klinge des Cutters öfters zu kontrollieren und auszutauschen.

Die Hilfsmittel

Flüssigkleber, z. B. UHU flinke flasche, Lineal, mittelweicher Bleistift zum Markieren der Falzlinien, Nylonfaden zum Aufhängen der Sterne. Zum Eindrehen von Sternspitzen mit engen Rundungen eignen sich Schaschlikspieße, für größere Rundungen ein runder Bleistift oder ein Pinselstiel.

Die Vorlagen übertragen

Die Motive können vom Vorlagebogen direkt auf das Arbeitsmaterial übertragen werden. Die Bastelfolie unter die Vorlage legen und die Konturen mit einem Bleistift durchpausen.

Schablonen herstellen

Soll das Motiv mehrmals erstellt werden, empfiehlt sich die Herstellung einer Schablone. Dazu die Vorlage mit Kohlepapier auf festen Karton übertragen und ausschneiden. Die Schablone auf das Werkmaterial legen und die Umrisse übertragen. Die benötigte Anzahl der Teile ausschneiden.

Falzen und Falten

Die eingezeichneten Faltlinien mit einem spitzen Bleistift am Lineal entlang falzen (einritzen) und falten.

Zusammenkleben

Die Teile der Abbildung entsprechend mit wenig Klebstoff zusammenkleben. Gut geeignet ist ein Punkt- und Flächenkleber wie UHU flinke flasche.

Tipps

- Um Dellen zu vermeiden, die Folien auf einer schneidfesten Unterlage mit dem Cutter schneiden. Beim Schneiden ein Papiertaschentuch zwischen Werkmaterial und Bastelunterlage platzieren, um Kratzer in der Glanzfolie zu vermeiden.
- Klebstoff sparsam verwenden. Überschüssigen Kleber sofort wegwischen, sonst löst er die Folienfarbe an.
- Ein ungewollter Knick kann gemildert werden, wenn man ihn auf einer harten Unterlage vorsichtig mit dem Finger oder einem Radiergummi ausstreicht.
- Sollte eine Folienrolle aus Versehen geknickt werden, das Material sehr eng zusammenrollen.
- Folienreste in einer Postrolle aufbewahren, um sie vor Knicken zu schützen.
- Mehrere Lagen Bastelfolie gleichzeitig ausschneiden: Die Lagen zusammenheften, damit sie nicht verrutschen können. Bei zweiseitigen Folien die beiden gleichen Farbseiten aufeinander legen.

Sterne in Gold-Violett

Material

- Alu-Bastelfolie in Gold-Violett
- Faden zum Aufhängen
- Motivlocher „Stern", klein

Vorlagen

A1 – A3

Blütenstern

Acht Herzen nach Vorlage A1 ausschneiden und jeweils seitlich mithilfe eines Schaschlikspießes leicht eindrehen. Die Herzspitzen um einen Punkt anordnen und an den Seiten aneinander kleben. Den Aufhängefaden beim Schließen des Kreises mit einlegen. Kreis oder gestanzten Stern über die Mitte kleben.

Fünfseitiger Stern

Die Herzform von Vorlage A2 fünfmal auf Folie übertragen und ausschneiden. Seitlich mithilfe eines Schaschlikspießes eindrehen. Die Teile so zusammenkleben, dass die Herzspitzen nach außen zeigen. Aufhängefaden anbringen.

Fünfseitiger Stern mit Spitzen

Das Innenteil wie oben beschrieben aus fünf Herzformen nach Vorlage A2 ausarbeiten. Fünf Dreiecke nach Vorlage A3 schneiden. Jeweils die beiden sich gegenüberliegenden Ecken leicht rollen und tütenförmig übereinander kleben. Die Spitzen am inneren Stern anbringen. Den Aufhängefaden an einer Sternspitze befestigen.

Kerzenhalter in Silber

Material

- Alu-Bastelfolie mit Sternchenprägung in Silber

Vorlage B

1 Nach Vorlage B zehn Spitzen ausschneiden. Innenausschnitte mit dem Cutter ausführen.

2 Bei jeder Spitze die äußeren und inneren Ecken mithilfe eines Pinselstiels zur Mittellinie hin rund biegen. Die inneren beiden Ecken überlappend aufeinander kleben.

3 Jeweils fünf Spitzen um einen Mittelpunkt herum zusammenkleben. Die beiden Sterne an ihren Unterseiten so aufeinander kleben, dass die Spitzen versetzt angeordnet sind.

4 Die Kerze in die Mitte des Sterns stellen. Tipp: Zum Schutz vor Wachsflecken einen Folienkreis unter die Kerze legen.

Blütensterne

Abbildung & Materialangaben Seite 10/11

1 Für Sterne mit acht Spitzen Vorlage C1 oder C2 viermal auf Folie übertragen und ausschneiden, bei dem Stern in Gold-Blau zusätzlich C2 dreimal für einen Innenstern.

2 Faltlinien mit einem Bleistift am Lineal entlang falzen. Die Teile wie eine Ziehharmonika falten, in der Mitte knicken und v-förmig falten. Innen aneinander kleben.

3 Jeweils vier dieser Formen um einen Mittelpunkt an den Außenseiten aneinander kleben. Bei Innensternen drei Formen zusammenfügen und aufkleben. Ausgestanzte Schneeflocken und Aufhängung anbringen.

Blütensterne

Material

- Alu-Bastelfolie mit oder ohne Sternchenprägung in Gold, Blau, Grün, Pink
- Motivlocher „Eiskristall“, klein
- Faden zum Aufhängen

Vorlagen

C1 – C2

Anleitung Seite 8

Material

- Alu-Bastelfolie mit Sternchenprägung in Silber, Gold, Rot, Blau
- Motivlocher „Eiskristall", groß, klein
- Bürolocher

Vorlagen
D1 – D3

Schneeflocken

1 Die Sternhälften nach Vorlage D1 oder D2, die Innensterne nach Vorlage D3 ausschneiden.

2 Die Faltlinien mit einem Bleistift am Lineal entlang falzen und falten. Beide Sternteile aneinander kleben.

3 Gestanzte Eiskristalle oder Innensterne auf dem großen Stern fixieren. Aufhängefaden anbringen.

Filigrane Sterne

Abbildung & Materialangaben Seite 14/15

1 Nach der Vorlage jeweils eine exakte Kartonschablone ohne seitlichen Klebesteg anfertigen.

2 Mit Bleistift und Lineal eine 31 cm lange Linie auf Bastelfolie zeichnen. 20 Abschnitte mit jeweils 1,5 cm Abstand markieren, ein 1 cm breiter Abschnitt bleibt als Klebesteg. Über die Markierungspunkte senkrechte Faltlinien zeichnen.

3 Die Schablonen zehnmal nebeneinander nahtlos auf die Folie übertragen, Faltlinien beachten. Klebesteg am Ende anzeichnen. Den Streifen wie eine Ziehharmonika falten.

4 Die Spitzen von der Bruchkante ausgehend ausschneiden. Streifenanfang und -ende aneinander kleben. Die Spitzen nach außen legen, sodass sich die Falten an der geraden Kante in der Mitte treffen. Die Mitte mit Klebstoff fixieren. Bei doppelten Sternen beide Teile einzeln herstellen und aufeinander kleben. Teilweise Spitzen in Form drehen.

Filigrane Sterne

Material

- Alu-Bastelfolie mit Sternchenprägung in Silber, Blau, Grün, Pink
- Faden zum Aufhängen
- Bürolocher

Vorlagen
E1 – E3

Anleitung Seite 12

Tischdeko in Blau-Weiß

Material

- Alu-Bastelfolie mit Sternchenprägung in Silber, Blau
- Konturenschere
- Bürolocher

Vorlage F

Die Tischdeko besteht aus mehreren aufeinander gelegten Sternen, jeder einzelne Stern setzt sich aus drei Grundformen gleicher Größe zusammen. Sterne mit Zierrändern werden erst fertig gebastelt und dann mit der Konturenschere nachgeschnitten.

1 Für einen einzelnen Stern eine der Grundformen dreimal vom Vorlagebogen übertragen, die Faltlinien falzen und falten.

2 Die drei Teile des Sterns zusammenfügen, d. h. die seitlichen Segmente ineinander kleben.

3 Für die Tischdeko mehrere Sterne verschiedener und gleicher Größe anfertigen. Von den gleich großen Sternen jeweils einen mit der Konturenschere nacharbeiten. Die Sterne aufeinander legen, beim letzten einen gestanzten Punkt in die Mitte kleben.

Sterne in Rot-Gold

Material

- Alu-Bastelfolie mit Wellenprägung in in Rot-Gold
- Faden zum Aufhängen
- Motivlocher „Stern", groß
- Bürolocher

Vorlagen
G1 – G4

Diese Sterne wie die Schneeflocken von Seite 12 arbeiten. Die Teile nach der Vorlage ausschneiden, falzen und falten. Beide Sternenhälften zusammenkleben. Zierformen aufkleben und den Aufhängefaden befestigen.

Weihnachtssterne

Material

Geschenkaufleger
- Alu-Bastelfolie mit Sternchenprägung in Gold, Rot, Grün
- Motivlocher „Eiskristall“, klein

Tischlicht
- Alu-Bastelfolie mit Sternchenprägung in Gold, Rot, Grün
- Twinkle-Girlande oder Chenille in Gold
- Teelicht

Vorlage H

Geschenkaufleger

1 Die roten, goldfarbenen und grünen Blätter nach der Vorlage ausschneiden.

2 Linien mit dem Bleistift am Lineal entlang falzen. Die grünen Blätter leicht in der Mitte falten. Die großen Blattkränze in Rot oder Gold an den Spitzen mithilfe eines Pinselstiels leicht nach unten biegen. Bei den kleinen Blattkränzen abwechselnd ein Blatt nach unten und das nächste nach oben wölben.

3 Einen kleinen Eiskristall ausstanzen und in die Sternmitte kleben.

Tischlicht

Anstelle des innersten Blätterkranzes ein Teelicht in der Mitte befestigen und eine goldfarbene Girlande darumkleben.

Spitzsterne

Material

- Alu-Bastelfolie mit Sternchenprägung in Gold oder Grün
- Fotokarton in Weiß
- Teelicht

Vorlage I

1 Nach der Vorlage eine exakte Kartonschablone ohne seitlichen Klebesteg anfertigen.

2 Mit Bleistift und Lineal eine 42,5 cm lange Linie auf Bastelfolie zeichnen. 21 Abschnitte mit jeweils 2 cm Abstand markieren, ein 0,5 cm breiter Abschnitt bleibt als Klebesteg. Jeden dritten Abschnitt in der Mitte unterteilen. Über die Markierungspunkte senkrechte Faltlinien zeichnen.

3 Die Schablone siebenmal nebeneinander ohne Zwischenräume auf die Folie übertragen, die gefalzten Linien beachten. Klebesteg am Ende anzeichnen.
Den Streifen wie eine Ziehharmonika falten.

4 Die Spitzen von der Bruchkante ausgehend ausschneiden. Streifenanfang und -ende aneinander kleben. Die Spitzen nach außen legen, sodass sich die Falten an der geraden Kante in der Mitte treffen. Teelicht mit Folie ummanteln und in die Mitte des Sterns setzen.

5 Den Stern auf eine mit Folie bezogene Kartonscheibe kleben.

Kerzenkranz & Tischlicht

Material

Kerzenkranz

- Alu-Bastelfolie in Gold-Grün
- Kerze

Tischlicht

- Alu-Bastelfolie mit Sternchenprägung in Grün
- Teelicht

Vorlagen

J1 – J2

Kerzenkranz

1 Nach Vorlage J1 eine Kartonschablone ohne seitlichen Klebesteg anfertigen. Die Schablone neunmal nebeneinander ohne Zwischenräume auf einen Streifen Bastelfolie aufzeichnen, am Ende einen kleinen Klebesteg ansetzen.

2 Den Streifen ziehharmonikaartig falten, beide Enden aneinander kleben und die Kerze in die Mitte stellen.

Tischlicht

1 Nach der Vorlage eine exakte Kartonschablone ohne seitlichen Klebesteg anfertigen.

2 Mit Bleistift und Lineal eine 45,5 cm lange Linie auf Bastelfolie zeichnen. 30 Abschnitte mit jeweils 1,5 cm Abstand markieren, ein 0,5 cm breiter Abschnitt bleibt als Klebesteg. Über die Markierungspunkte senkrechte Faltlinien zeichnen.

3 Die Schablone fünfzehnmal nebeneinander ohne Zwischenräume auf die Folie übertragen, die gefalzten Linien beachten. Den Streifen wie eine Ziehharmonika falten.

4 Die Spitzen von der Bruchkante ausgehend ausschneiden. Streifenanfang und -ende aneinander kleben. Die Spitzen nach außen legen, sodass sich die Falten an der geraden Kante in der Mitte treffen. Teelicht mit Folie ummanteln und in die Mitte des Sterns setzen.

5 Den Stern auf eine mit Folie bezogene Kartonscheibe kleben.

Sterne in Rot-Grün

Material

- Alu-Bastelfolie mit Sternchenprägung in Rot, Grün
- Motivlocher „Stern", klein
- Faden zum Aufhängen

Vorlagen

K1 – K2

1 Die beiden Hälften eines Sterns nach der Vorlage ausschneiden.

2 Faltlinien mit spitzem Bleistift am Lineal entlang falzen. Bei Vorlage K2 die Innenausschnitte mit dem Cutter ausführen. Die Teile falten.

3 Die beiden Sternhälften an den markierten Klebestegen zusammenkleben.

4 Zierelemente in Kontrastfarbe ausschneiden, falten und aufkleben. Einen gestanzten Stern oder einen ausgeschnittenen Punkt auf die Mitte des Sterns kleben. Den Aufhängefaden anbringen.

Wellensterne

Material

- Alu-Bastelfolie mit Wellenprägung in Gold-Silber, Gold-Rot
- Faden zum Aufhängen

Vorlage L

1 Die große Sternform einfach, den kleinen Innenstern zweifach nach der Vorlage ausschneiden. Die Innenausschnitte des großen Sterns mit dem Cutter ausführen.

2 Die inneren Spitzen der großen Sternform mithilfe eines Pinselstiels nach innen drehen.

3 Die beiden Innensterne in der Mitte falten, an den Faltlinien aufeinander kleben und auf dem großen Stern platzieren. Aufhängefaden anbringen.

Lichterglanz

Abbildung & Materialangaben Seite 30/31

1 Die Umrisse der Sterne und des Kreises mit Schablonen auf Alu-Wellpappe und Bastelfolie übertragen und ausschneiden. Innenausschnitte mit dem Cutter ausführen.

2 Die Sterne bzw. Kreise der Abbildung entsprechend aufeinander kleben. Die inneren Sternspitzen nach außen biegen.

3 Eine Kerze oder ein Teelicht in der Mitte befestigen.

Lichterglanz

Material

- Alu-Wellpappe in Gold, Rot, Blau
- Alu-Bastelfolie in Gold-Rot
- Alu-Bastelfolie mit Sternchenprägung in Gold, Rot, Blau
- Teelicht oder Kerze

Vorlagen

M1 – M3

Anleitung Seite 28

Impressum

Christophorus Verlag GmbH
Freiburg im Breisgau

ISBN 3-419-56524-0

Lektorat und Produktion:
Elke Fox, Freiburg

Styling und Fotos:
Christoph Schmotz, Freiburg

Layoutentwurf:
Network!, München

Coverrealisierung:
Carsten Schorn, Merzhausen

Druck:
Freiburger Graphische Betriebe

Wir sind für Sie da, wenn Sie Fragen haben.
Und wir interessieren uns für Ihre eigenen Ideen und Anregungen.
Schreiben Sie uns, wir hören gern von Ihnen!
Ihr Christophorus-Team

Christophorus-Verlag GmbH
Hermann-Herder-Str. 4
79104 Freiburg
Tel.: 0761/2717-0
Fax: 0761/2717-352
e-mail:
info@christophorus-verlag.de
www.christophorus-verlag.de

Weitere Titel aus dieser Reihe

3-419-56280-2

3-419-56411-2

3-419-56278-0

3-419-56416-3

3-419-56284-5

3-419-56407-4